GUÍA PRÁCTICA PARA EL NUEVO RESIDENTE EN MÉXICO

¡BIENVENIDO! MI CASA ES TU CASA

PEDRO RENDON MUTTIO

Diseño de portada: Departamento de Servicios Editoriales de *Yoga en tu Empresa.*

Ilustraciones de interiores: CC0 Creative Commons. Foto de autor: archivo personal de Pedro José Rendón Muttio

ISBN: 9781726841085

Primera edición impresa: noviembre de 2018

*Para todos los valientes que se atreven
a dejar todo lo conocido atrás.*

Por mi raza hablará el espíritu. UNAM

CONTENIDO

El respeto al derecho ajeno es la paz. Benito Juárez

AGRADECIMIENTOS

Gracias a Daniel Mesino por su apoyo para la publicación de esta obra. Gracias a los extranjeros residentes en México, ya que sin ustedes nada de esto sería posible. Bienvenidos: mi casa es su casa.

La Ciudad de los Palacios. Charles Latrobe

1 Lo desconocido

¿Recuerdas cuando eras niño y tu mejor amigo te invitaba a dormir a su casa? Dormir en un lugar desconocido y en un colchón extraño podía ser todo un reto para nuestro cerebro, que nos mantenía en vela toda la noche o, por lo menos, no nos permitía relajarnos y dormir como en nuestra cama a la cual estamos acostumbrados. Incluso cuando nos quedamos en un hotel cinco estrellas con colchón ortopédico y sabanas de algodón egipcio, nuestro subconsciente puede jugarnos esta trampilla y no podemos descansar completamente, o justo cuando nos estamos acostumbrando a ese nuevo espacio tenemos que dejar el hotel pues llegó el fin de nuestra estancia. Esto ocurre porque nos enfrentamos a algo desconocido. Es muy fácil llevar a cabo nuestra rutina diaria en nuestro espacio familiar, o zona de confort, dentro de la cual nos sentimos a gusto. Pero déjenme decirles que la zona de confort a veces no es tan cómoda como se cree. Permítanme hacerles otra pregunta: ¿alguna vez se han mudado? En 2018 tuve que enfrentarme a cinco mudanzas, una de ellas internacional, y no es una tarea fácil, y eso que soy soltero y tengo muy pocas pertenencias. No quiero imaginarme a una familia con hijos y con demasiados enseres. Es un desgaste físico y económico y no solo para uno, las pertenencias también terminan muy desgastadas por andar de un lugar a otro. Y no solo eso, llegas a un nuevo hogar donde te puede ocurrir de todo: desde ventanas sin cortinas, problemas con el agua caliente, con los vecinos, etcétera. En ese orden de idas: ¿alguna vez se cambiaron de escuela cuando eran niños? En la primaria me acuerdo mucho del "niño nuevo", quien después de tres años seguía siendo el niño nuevo, a menos que alguien llegara a quitarle el título. Una característica muy común del niño nuevo era que siempre ponía de ejemplo a su antigua escuela: "En mi otra escuela los honores a la bandera se hacían los lunes", "Los uniformes de mi otra escuela estaban más bonitos", "En mi otra escuela no diseccionábamos animales en el laboratorio", y así sucesivamente.

También recuerdo la primera vez que comí sushi. Antes de que se convirtiera en mi comida favorita siempre pedía hamburguesas en cualquier restaurante al que iba. Con la hamburguesa no hay pierde, la mayor parte de las veces es sabrosa y sabes a lo que vas. En cualquier parte del mundo una hamburguesa es una hamburguesa, pero cuando probé el sushi fue toda una experiencia culinaria. No se me antojaba comer pescado crudo con arroz envuelto en alga, pero el día que lo probé no podía creer que hubiera pasado tanto tiempo sin haber comido algo tan delicioso. Esto me marcó al grado de que siempre que voy a algún restaurante procuro pedir algo nuevo, y casi siempre me llevo una grata sorpresa. Y esto también puede llegar a ocurrir con las personas. A veces conoces a alguien y te cae mal o piensas que es un pesado, y al poco de platicar con él tu percepción cambia por completo.

A lo que quiero llegar con estos ejemplos es a que se entienda que lo desconocido puede asustar un poco, pero que la mayoría de las veces, si no es que todas, la sorpresa es grata. Pero el miedo está siempre presente en nuestras vidas y la única manera de acabar con él es enfrentándolo. Ahora hay que imaginar lo que significa mudarse a un país completamente distinto: otro idioma, costumbres, comida amigos, escuela, trabajo, colchón, casa, todo es nuevo y diferente. Por eso los extranjeros que deciden cambiar de residencia e irse a otro país para mí son unos valientes que se atreven a hacer lo que no hace cualquiera. Es muy fácil quedarse en lo conocido y cómodo, pero cruzar la línea de lo desconocido es algo digno de aplauso. Admiro mucho a las personas que toman esa decisión y prometo hacer lo que esté en mis manos para que su cambio sea lo más agradable posible, y con este fin redacté esta Guía pues soy un internacionalista de corazón. Recuerden que el universo y la vida siempre favorecen a los valientes.

¿Sabías que?

Es más seguro viajar en avión que en automóvil o autobús. El riesgo de sufrir un accidente es mucho menor.

---

2 ¿Y tú por qué llegaste a México?

Todos tenemos un "porqué". Para cualquier decisión que tomamos en nuestras vidas siempre hay una razón o algo que la motiva. Estoy seguro de que hay un porqué detrás de tu decisión de venir a México, haya sido esta consciente o inconsciente, y es muy importante que sea un porqué lo suficientemente fuerte.

¿Qué te trajo a México?

México cuenta con 33 sitios declarados Patrimonio de la Humanidad por la UNESCO, 111 Pueblos Mágicos, impresionantes zonas arqueológicas, un sinnúmero de museos, hermosas playas, vida nocturna, actividades deportivas, sublime gastronomía, todo mezclado en un colorido país en el cual conviven diversos ecosistemas en perfecta armonía. Si esta es la razón o motivo que te trajo a nuestro país, tu condición de estancia en el país es la de visitante con fines de turismo sin la posibilidad de realizar actividades remuneradas y la estancia máxima será de 180 días.

Negocios

Si vienes a México como visitante por negocios o para realizar cualquier actividad no remunerada por un período menor a 180 días —tal es el caso de los ejecutivos de grandes empresas que vienen a firmar un contrato, o de cualquier funcionario, ejecutivo o empleado de alguna compañía, sin importar el rango, que viene al país a revisar instalaciones, inaugurarlas, a juntas de negocios, supervisión, a un proyecto específico, a asistir a exhibiciones y conferencias, a entrenamientos cortos, a consultas con proveedores y clientes, a algún diplomado o capacitación, etcétera—, te encontrarás en el supuesto de visitante de negocios.

En este caso es fundamental que el visitante de negocios cuente con una carta invitación de la empresa. Si vienes al país por negocios, como en los supuestos mencionados, tu condición de estancia será la de visitante no residente temporal.

Sin duda el trabajo es la razón principal por la que alguien decide cambiar de residencia. La mayoría de las personas buscan mejores oportunidades para su crecimiento profesional y muchas veces esto representa aceptar un puesto en otro país, en este caso en México. Si vienes a México por una oferta de empleo por un período mayor a 180 días y con una remuneración económica proveniente del país, tu condición será la de residente temporal con permiso para trabajar.

Estudios. Cuando se es estudiante ir a otro país a realizar estudios siempre es atractivo y emocionante, una razón de peso suficiente para cambiar de residencia durante el tiempo que se necesite.

La unidad familiar. Creo que esta es una razón más fuerte que el trabajo. La familia es fundamental para el desarrollo personal de cualquier persona. Por la familia o nuestros seres queridos estamos dispuestos a hacer todo lo que esté en nuestras manos, incluso cambiar nuestra residencia. En este caso, si viniste a México por matrimonio, de inicio serás residente temporal y después de cierto tiempo podrás ser residente permanente. Si lo que te trajo a México fue un hijo nacido, aquí serás candidato a la residencia permanente de manera inmediata por lo fuerte que es este vínculo familiar.

También hay otros supuestos como las razones humanitarias o el refugio, los cuales no analizaremos en la presente guía.

¿Qué tienen en común estos supuestos? En todos ellos existe una "intención inicial". Esto es de suma importancia, tanto que el criterio de las autoridades en materia de migración en México es siempre revisar la intención inicial u original de la persona al ingresar al país. Por supuesto que esta intención puede cambiar, pero siempre será una razón de mucho peso en este tema. Más adelante analizaremos la importancia de esta intención inicial.

Vamos a enfocarnos en las principales condiciones de estancia en nuestro país: residente temporal y residente permanente.

¿Sabías que?

La palabra México significa "ombligo de la luna" en náhuatl.

3 Residente temporal

La condición de estancia de residente temporal le permite al extranjero permanecer en el país por un lapso mayor a 180 días y hasta 4 años, siempre y cuando se demuestre:

- Solvencia económica
- Formar parte de un proyecto de investigación
- Invitación por parte del sector público o privado para participar en alguna actividad en el país, que puede ser lucrativa (permiso para trabajar) o no lucrativa

- Tener bienes inmuebles en el país
- Ser inversionista

La condición migratoria de residente temporal con permiso para realizar actividades remuneradas autoriza al extranjero a permanecer en el país por un período ininterrumpido mayor a 180 días con un permiso para trabajar. Para justificar esto debe existir una oferta de empleo. Es muy importante tener en consideración que la intención inicial en este supuesto es el trabajo, es decir, la persona extranjera entró al país por cuestiones laborales, con permiso de trabajo. Posteriormente dicha persona puede cambiar de lugar de trabajo siempre y cuando la nueva compañía que le ofrece empleo cumpla con todos los requisitos legales. La tarjeta de residencia es su identificación en el país, le permite entrar y salir de manera libre; con ella puede abrir cuentas bancarias, obtener licencia de conducir y realizar diversos actos jurídicos. Si esta persona llega a perder su empleo, pierde la razón que le está permitiendo residir en el país; por ello, la intención inicial es de vital importancia.

Después de cuatro años de estancia legal en el país como residente temporal con permiso para trabajar, el extranjero es candidato a la residencia permanente por temporalidad.

Por contraer matrimonio legal con una persona de nacionalidad mexicana se puede adquirir también la residencia temporal; en este caso sería por unidad familiar. Aquí hay que subrayar que esta residencia permanente no otorga permiso para trabajar, pues la intención inicial al ingresar al país en este caso es el matrimonio, que es unidad familiar, no el trabajo. En caso de que el extranjero obtenga una oferta de empleo por parte de una compañía que cumple con todos los requisitos legales para contratar personas de nacionalidad extranjera, se puede gestionar un permiso de trabajo, pero es muy importante recordar que su trabajo no fue la intención al ingresar al país, esto es algo accesorio y secundario, por lo que la autoridad podría no otorgarle dicho permiso de trabajo. Después de dos años como residente legal en el país por matrimonio con persona de nacionalidad mexicana se es candidato a la residencia permanente.

Un residente temporal legal en el país podrá solicitar el ingreso de los siguientes familiares extranjeros: padre o madre, cónyuge, concubinario o concubina, hijos, hijos del cónyuge, concubinario o concubina, siempre y cuando estén bajo su representación legal y sean menores de edad, en caso de que sean mayores de edad que estén en estado de interdicción o bajo su representación legal, y hermanos, siempre y cuando sean menores de edad y no hayan contraído matrimonio y estén bajo su representación, o que siendo mayores de edad estén en caso de interdicción o bajo su representación legal. Bajo este supuesto la residencia temporal es por unidad familiar, por lo que no hay un permiso de trabajo. Este puede solicitarse posteriormente, pero se debe tener presente cuál fue la intención inicial por la cual se ingresó al país.

¿Sabías que?

Cuando la cadena de comida rápida Taco Bell intentó entrar a México fue catalogada como *auténtica comida americana*.

4 Residente permanente

La residencia permanente en México autoriza al extranjero a permaneces en el país de manera indefinida, con permiso para entrar y salir del país libremente, pero es muy importante no confundir una residencia permanente con una naturalización. En la residencia permanente el extranjero sigue teniendo las mismas obligaciones de todo extranjero en el país, como notificar cambios de domicilio, de lugar de trabajo, de nacionalidad o de nombre; de igual manera pueden realizar actos jurídicos con esta condición, firmar contratos, comprar bienes inmuebles, etcétera. Pero no pueden participar en las elecciones políticas del país. La residencia permanente tiene implícito un permiso para trabajar.

La residencia permanente puede ser adquirida por cualesquiera de los siguientes supuestos: después de cuatro años de residencia legal en el país como residente temporal; después de dos años de residencia temporal en el país cuando el motivo de la residencia sea el matrimonio y el vínculo continúe existiendo, o por tener hijo nacido en México.

Aquí podemos ver nuevamente cómo la intención original al ingresar al país continúa siendo algo importante en el caso del matrimonio. Sin embargo, una vez que un extranjero adquiere la condición de residente permanente la intención inicial deja de ser algo fundamental pues la persona ya se encuentra en el país con una residencia de manera indefinida, sin necesidad de renovar su documento migratorio.

Más allá de la razón por la que se haya obtenido la residencia permanente, esta tiene implícito un permiso para trabajar. Supongamos que una persona llega al país y tiene un hijo en México. Gracias a eso obtendría una residencia permanente y no necesitaría tramitar ningún permiso para trabajar o una visa de trabajo, ya que la condición de permanente la autoriza a realizar actividades remuneradas en el país. O que una extranjera obtenga la residencia permanente después de cuatro años de residir en el país como temporal dependiente económico de su pareja, quien si cuenta con permiso para trabajar. Dicha persona ya estaría en posibilidad de trabajar, pero es muy importante tener en consideración que se continúa teniendo la obligación de notificar ante la autoridad migratoria cualquier cambio de lugar de trabajo.

En el caso de los menores de edad residentes permanentes en el país, su tarjeta de residencia tiene una vigencia, debido a los cambios físicos que experimentan los niños y los adolescentes por crecimiento y desarrollo. También para que su última renovación como permanente sea ya como mayor de edad y pueda firmar personalmente su documento migratorio y escuchar sus obligaciones migratorias.

El residente permanente no tiene la obligación de renovar su tarjeta de residencia, pero puede ser que después de bastantes años, en algún puerto de entrada al país alguna autoridad migratoria le pida al extranjero que actualice su tarjeta de residencia para que la fotografía de esta sea más reciente. En este caso no pierde su condición.

Aparte de las obligaciones migratorias que tiene todo extranjero residente en el país que se mencionaron (notificar cambio de domicilio, lugar de trabajo, estado civil, nombre o nacionalidad), no está de más añadir que tiene la obligación de cuidar y resguardar su tarjeta de residencia. Siempre recomiendo que tenga una fotografía de ella por ambos lados en su teléfono móvil, así como una copia certificada en su domicilio, y la tarjeta en su cartera o billetera en caso de que alguna autoridad le requiera que la muestre. En caso de robo o extravío se debe acudir de inmediato con la autoridad ministerial correspondiente al levantar el acta respectiva para iniciar el proceso de reposición ante migración lo antes posible.

Si bien la residencia permanente es por tiempo indefinido, esta puede perderse. Por ejemplo, si el extranjero se encuentra de viaje fuera de México y pierde su tarjeta de residencia permanente y entra al país como turista, pierde completamente su residencia permanente y toda su antigüedad acumulada. Hay que empezar de cero pues entró a México con una condición migratoria distinta, y por ley ningún extranjero puede ostentarse con dos condiciones migratorias diferentes al mismo tiempo.

En cuestiones migratorias en México hay mucho sentido común y lógica. Sigamos el orden de los trámites y veremos que todo tiene una razón y un porqué. Insisto en que es básico conocer el motivo inicial del ingreso al país, lo que nos dará la respuesta. México es un país abierto a nuevos integrantes y residentes, solo hay que seguir ciertos lineamientos y normativas y con eso lograremos nuestro objetivo, como en todo en la vida.

Pies, para que los quiero si tengo alas para volar.

Frida Kahlo

5 Al llegar al país

Si aún no llegas a México o nunca has venido y planeas visitar el país sin importar el motivo, te recomiendo que apagues los noticieros de la televisión, y este es un consejo que no solo aplica para este caso, sino en general para la vida diaria. No se trata de que no estés informado de los acontecimientos internacionales importantes, sino que te desconectes de las noticias televisivas, pues estas muchas veces están manipuladas y solo se enfocan en los aspectos negativos. Y esto es culpa de nosotros, los consumidores, que exigimos o rogamos por titulares y encabezados sangrientos, en lugar de noticias agradables, como los premios deportivos, por ejemplo. Te puedo asegurar que México no es violencia, armas, crimen, narcotráfico. México es colores, sabores, aromas, música, una mezcla de culturas ancestrales y milenarias con toques coloniales y una herencia española. México no puede explicarse con palabras, hay que vivirlo. México se vive.

Desconéctate de la televisión como primer ritual de inicio antes de tu llegada a México. Empieza a ver videos en línea de personas que ya hayan venido al país y cuenten sus experiencias, videos de viajeros, ya sea en los principales puntos turísticos del país o del lugar en el cual planeas establecerte. Toma en consideración que México es un país muy grande, con una superficie de 1,964 millones de kilómetros cuadrados, por lo que te darás cuenta de que, a pesar de ser un mismo país, cada estado de la República tiene sus peculiaridades y características propias, sobre todo en el aspecto culinario. Creerás que estas probando el mismo platillo una y otra vez, pero no es así, cada platillo tiene su nombre y en cada región los colores y los sabores cambian. Es impresionante todo lo que podemos lograr y hacer con el maíz. En todas sus modalidades, la tortilla es la base de cada platillo. A continuación, enlisto los platillos imperdibles en cada estado del país, así cubriré cualquiera que sea el lugar en el cual planeas establecerte:

1. Aguascalientes: el delicioso pollo San Marcos.

2. Baja California: la langosta estilo Puerto Nuevo y los tacos de pescado.

3. Baja California Sur: ceviche y camarones empanizados.

4. Campeche: los camarones al coco y el puchero.

5. Chiapas: la sopa de pan y el tamal bola.

6. Chihuahua: la carne asada.

7. Ciudad de México: aquí básicamente encontrarás de todo, al ser una ciudad cosmopolita te recomiendo probar la cocina mexicana gourmet o de autor; sobran los lugares donde hacerlo.

8. Coahuila: la discada.

9. Colima: tatemado de cerdo y pozole colimense.

10. Durango: caldillo duranguense y albóndigas.

11. Guanajuato: sin duda las enchiladas mineras, las guacamayas, y prueba la charamusca y todos los dulces típicos y artesanales (confía en mí, yo soy de ahí).

12. Guerrero: pescado a la talla y pulpo enamorado.

13. Hidalgo: pastes, tlacoyos y escamoles.

14. Jalisco: las tradicionales tortas ahogadas con un tequilita ¿Por qué no?

15. México: tacos callejeros de pastor, las costras y los tamales canarios.

16. Michoacán: sopa tarasca y corundas.

17. Morelos: tostadas de tuétano, cecina y clemole de bagre.

18. Nayarit: pescado zarandeado y sopes de ostión acompañados de un tejuino.

19. Nuevo León: carne machaca para desayunar con huevo y el cabrito.

20. Oaxaca: las tlayudas, el moles y los chapulines con un buen mezcal de sabores.

21. Puebla: las cemitas, los tacos árabes y los chiles en nogada en temporada.

22. Querétaro: xoconostles con chile, asado de cordero y gorditas de migajas.

23. Quintana Roo: los mariscos en todas sus presentaciones y los kibis callejeros.

24. San Luis Potosí: las enchiladas potosinas.

25. Sinaloa: los tamales de camarón con un refresco de vainilla y de postre una capirotada.

26. Sonora; carne deshebrada, frijoles maneados y camarones a la diabla.

27. Tabasco: robalo a la tabasqueña, pan de yuca y pejelagarto asado.

28. Tamaulipas: jaibas rellenas y tamales de venado.

29. Tlaxcala: tlacoyos de frijol, mixiotes, barbacoa y los chinicuiles.

30. Veracruz: arroz a la tumbada, picadas y pescado a la veracruzana.

31. Yucatán: cochinita pibil, papadzules, panuchos y sopa de lima.

32. Zacatecas: tostadas de jerez, taco envenenado y birria.

Como podrás darte cuenta tienes muchísimas opciones para elegir. Internacionalmente no se conoce lo vasta que puede llegar a ser la comida mexicana. Pensarás que muchos platillos son básicamente lo mismo, pero créeme que, si tienen nombres diferentes, son diferentes. Estas son recomendaciones personales basadas en mi experiencia. No tengas miedo de probar cosas nuevas: este consejo funciona y se aplica a todas las cosas de la vida.

Como mencioné, el país es muy grande y no contamos con un sistema de trenes como en algunos países de Europa o Japón, en donde literalmente se puede recorrer una extensa zona en tiempo récord. Los trenes mexicanos no conectan a todo el país; pero no te preocupes, si algo caracteriza al mexicano es su ingenio y su habilidad para encontrarle una solución a todo.

Al llegar a México prepárate para entrar en un mundo en el que la vida es más pausada y relajada, sobre todo en el sur del país. Esto no significa que tu vuelo se retrasará horas, sino simplemente que si algo no sale en el horario prometido estamos preparados, todos lo sabemos y podemos vivir con ello. En México, si alguien llega media hora después de la cita esté en tiempo; incluso para las fiestas el anfitrión cita a una hora esperando que la gente llegue una hora después, pues así funcionan las cosas en el país. En

México no hay una hora para que se termine una fiesta. La gente puede seguir en ella literalmente hasta que el cuerpo aguante. Incluso en los restaurantes, un mesero jamás te va a llevar la cuenta si no se la pides, sería algo demasiado grosero para un mexicano, al grado de no dejarle propina —por cierto, en México se deja el 10% de propina; en ciudades grandes como la Ciudad de México se deja el 12% o 15%—. Los comensales pueden quedarse horas platicando en un restaurante después de haber terminado de comer.

En México la gente acostumbra a comer todo con tortilla y agregarle picante o limón a la comida, pues estamos acostumbrados a la sensación de picor en nuestra lengua. Eso lo tenemos muy arraigado desde la infancia, al punto de que la mayoría de los dulces típicos tienen picante. La gente no acostumbra a pedir un primer tiempo como sopa o ensalada y después un segundo tiempo; más bien se opta por un plato fuerte bastante copioso. En ningún restaurante sirven agua pura a menos que se pida, y esa agua será embotellada.

El agua del grifo en México no es veneno ni ácido muriático, simplemente es agua potable no apta para consumo humano, aunque en la mayoría de los hoteles sí se puede beber el agua del grifo, pero cerciórate de esto antes de beberla. Puedes desinfectar el agua del grifo con gotas o hirviéndola, o con algún filtro casero. Si no te agrada el sabor tendrás que cargar un garrafón o pedirle a alguien que te ayude. En México siempre encontrarás a alguien que te ayude a cargar cualquier cosa, por una módica propina, claro está.

6 Trámites y procesos en México

Como ya te expliqué, en México no existe el sentido de la urgencia en las cosas y te darás cuenta de que esto incluirá tus trámites y procesos en materia de migración. Prepárate para que las cosas tarden un poco más de lo esperado; pero no te preocupes, las cosas salen y fluyen. Si llegas a la Ciudad de México o al centro te darás cuenta de que las cosas son un poco más rápidas; conforme te alejes del centro del país las cosas empezarán a ser más lentas, y si vas al Caribe mexicano prepárate para hacer filas largas y pausadas. La vida ahí es mucho más lenta y relajada de lo normal. Incluso al realizar un depósito en el banco te toparás con funcionarios sin sentido de urgencia, pero eso sí, muy felices. Recuerda que en el mar la vida es más sabrosa y que, definitivamente, el clima afecta nuestro estado de ánimo e —estoy completamente seguro—influye en nuestra personalidad. Te recomiendo que, si planeas establecerte en el país te asesores de un abogado especializado en migración, aunque puedes realizar los trámites por tu cuenta. Yo sé lo que representa mudarse a otro país y todos los detalles que hay que atender: llegar a una oficina de gobierno en un país que no es el tuyo puede ser todo un reto. Un abogado te asesorará y tu trámite saldrá en tiempo y forma, pues se cuidarán todos los detalles. Él es experto en esa área y está acostumbrado a desenvolverse en ese medio.

En México las oficinas, escuelas y la vida en general se rige por el sistema de semana inglesa. Se trabaja de lunes a viernes y los sábados y domingos se descansa. Aproximadamente cada mes habrá un día de asueto; no esperes que los bancos y las oficinas trabajen ese día, que definitivamente no estará contabilizado en el período en el cual tu trámite migratorio debería salir.

Te comparto los días de asueto oficiales en México:

1 de enero - Año Nuevo
5 de febrero - Aniversario de la Constitución

21 de marzo - Natalicio de Benito Juárez

1 de mayo - Día del Trabajo

16 de septiembre - Aniversario de la Independencia

20 de noviembre - Aniversario de la Revolución mexicana

25 de diciembre - Navidad

Los siguientes días no son oficiales, pero suelen tomarse como días de asueto:

Marzo o abril - Semana Santa

1 y 2 de noviembre - Día de Muertos

10 de mayo - Día de las Madres

12 de octubre – Aniversario del descubrimiento de América

Los siguientes días son muy importantes para los mexicanos:

6 de enero - Día de Reyes

30 de abril - Día del Niño

15 de mayo - Día del Maestro

12 de diciembre - Día de la Virgen de Guadalupe

Prepárate para que esos días las mayoría de las oficinas no trabajen y si lo hacen es de manera simbólica.

En México, los horarios suelen ser muy subjetivos. Las franquicias comerciales y los bancos o las grandes oficinas sí cumplen con los horarios de apertura y cierre; sin embargo, es muy común que los negocios familiares o pequeños no respeten los horarios establecidos, e incluso cierren a la hora de comer.

Te aseguro que tu trámite legal se va a resolver y que siempre habrá una solución, pero es muy importante tener paciencia. Practica la paciencia antes de llegar al país; te va a ser de mucha utilidad en todos los aspectos de tu vida.

¿Sabías que?

Los árboles de jacaranda fueron traídos a México desde Brasil por sugerencia del japonés Matsumoto al presidente Álvaro Obregón.

7 La vida en México

En México no es frecuente que alguien realice reparaciones e instalaciones, como fontanería, herrería, cerraduras, cortinas, pintura, etcétera, en su propio hogar. Es muy común que se contrate a alguien para hacerlo y que dicha persona lleve a cabo todos los aspectos de la obra. No importa que sea plomería o electricidad, la persona contratada sabrá cómo hacerlo. Pero dicho individuo no terminará el trabajo en la fecha prometida y no llegará a la hora acordada, además de que te hará dar dos vueltas más a la ferretería por material que se le olvidó decirte que era necesario para los trabajos. Pero te aseguro que te hará un trabajo de calidad. Al poco tiempo de vivir en México vas a tener a alguien de confianza que te ayudará en todo: instalaciones eléctricas, fontanería, cargar cosas, armar muebles, jardinería, pintura, etcétera. En ese mismo orden de ideas, en México es muy fácil encontrar a alguien que te ayude con las labores de limpieza en el hogar, así como con el lavado y planchado. Por lo general, tus vecinos te recomendarán a alguien. Por costumbre este tipo de contrataciones suelen ser informales, así que con ella personalmente podrás arreglar todos los aspectos y detalles a tu conveniencia. No te asustes si esta persona alguna vez lleva a su hijo(a) al trabajo.

En México somos muy afortunados. Ya verás cuando compres tus víveres que siempre hay una gran variedad de frutas y verduras, sin importar la temporada, y de la mejor calidad y con un gran sabor. Si buscas cosas muy exóticas o de países lejanos en materia culinaria, en la Ciudad de México seguro lo encontrarás, hay muchas tiendas especializadas y de todo tipo. Por otro lado, en provincia te será difícil conseguir muchas cosas, pero gracias a nuestro mundo interconectado podrás comprarlas en línea y llegarán a la puerta de tu hogar.

El servicio postal mexicano es muy lento y deficiente. En caso de que tengas que realizar algún envío, incluso dentro de la República

Mexicana, te recomiendo que optes por un servicios de mensajería, y con mayor razón si se trata de documentos o papeles delicados los que planeas enviar.

En México los espacios residenciales son amplios, sobre todo en las casas o construcciones antiguas, en donde las habitaciones amplias con techos muy altos. Los edificios de departamentos nuevos están muy bien distribuidos. El precio de las rentas tiene una diferencia abismal entre la capital y el resto del país. La Ciudad de México es en el único lugar del país en donde se batalla por la falta de espacio. La población es excesiva, además de que hay demasiados vehículos automotores. La mayoría de los habitantes van a trabajar en auto, incluso aunque vivan cerca. Afortunadamente está de moda la corriente ambientalista, por lo que cada día son más las personas que optan por utilizar la bicicleta como medio de transporte. los semáforos en general son respetados, pero sí existe cierto desorden vial en el país. Cuando la luz del semáforo cambia a amarillo la mayoría de los automovilistas aceleran para alcanzar a pasar, en lugar de detenerse pues se va a poner el alto. Esto provoca que muchos autos se queden a la mitad ocasionando más embotellamientos. Los automovilistas suelen utilizar el claxon de manera desmedida. Si manejas en México al principio te vas a sentir un poco intimidado, pero en poco tiempo te acostumbrarás. Los peatones muchas veces se aprovechan del hecho de que tienen preferencia. Tampoco hay un orden de qué lado de la banqueta se tiene que caminar; yo te recomiendo que camines siempre a tu derecha. Los mexicanos suelen respetar tu espacio personal, y a menos de que estés en un lugar muy aglomerado, si no hay razón o motivo nadie te va a tocar o a presionar. Los servicios de transporte público no son los mejores, pero te llevarán a tu destino sin ninguna duda. Si vas a utilizar el taxi, te recomiendo que bajes una aplicación de transporte a tu celular, ya que algunos taxistas van a abusar de tu condición de extranjero y del hecho de que no estás familiarizado con la ciudad y sus distancias y te pueden cobrar una tarifa más alta.

En la mayoría de los establecimientos notarás que hay alguien, no contratado por el comercio, que se ocupa del orden y acomodo de los vehículos. A esta persona se le conoce como "viene, viene" y es la encargada de ayudarte cuando te estacionas —por ejemplo, al utilizar la reversa te avisa si es seguro que lo hagas—. Dicha persona, además, puede lavar y cuidar tu coche y en general será muy amable contigo. Pero si no le das propina no estará muy contento.

Dicen que el ingenio mexicano no tiene límite. Te van a vender de todo. Si vas a comer a algún lugar con terraza a la calle verás que pasan muchos vendedores; depende de la región y la temporada, pero te venderán de todo; otros cantarán en espera de una propina; otros te pedirán dinero para medicinas y te mostrarán una receta médica. El comercio es algo innato en los mexicanos; sin duda alguna sabemos vender. Eso sí, el precio es muy subjetivo: depende del tipo de cliente, por lo que es común regatear y pedir un precio menor. Yo te recomiendo no regatear y pagar el precio fijado, sobre todo tratándose de artesanos o de alguien que vende algo que elaboró con sus propias manos. Hay que reconocer y valorar su trabajo. Recuerda que en México la gente va a gritar o anunciar lo que vende una y otra vez.

¿Sabías que?

Los populares *cacahuates japoneses* no son originarios de la nación del Sol Naciente, sino que fueron elaborados por un inmigrante japonés en México.

8 La familia mexicana

Si por alguna razón tienes la fortuna de convivir con una auténtica familia mexicana, te sugiero que tengas preparado tu apetito y tu estómago ya que vas a comer en serio. Toda familia mexicana, sin importar su nivel socioeconómico, tendrá abiertas las puertas de su casa para los invitados. Para los mexicanos es un placer servir, atender y compartir lo que se tiene. Aunque la comida sea poca la hacen rendir para todos. Va a haber un lugar especial en la mesa para ti y no te van a permitir que te levantes para nada; ellos te van a atender como rey. En México se considera una falta de educación no acabarse toda la comida del plato y siempre los anfitriones te van a insistir que te sirvas más. Pero no te preocupes, todo estará delicioso. Observarás que los miembros de la familia del género masculino no hacen nada por lo que respecta a la preparación, servicio y limpieza; son las mujeres de la familia quienes prepararon todo, las que sirven y después limpian. Esto es algo que está muy arraigado, y en la mayoría de los casos no es el hombre quien exige que así sean las cosas, sino es la misma madre quien le dice a las hijas que atiendan a los hermanos. En México, quien manda en el hogar es la madre. Siempre se hace lo que ella dice; por eso suele haber roce entre suegras cuando los hijos se casan,

También van a insistirte en que te quedes a dormir en su casa y van a sacar a algún miembro de la familia a dormir a la sala para darte su habitación y cama para que estés más cómodo.

En las casas familiares no se suele beber alcohol de manera cotidiana; los mexicanos no consumen vino con los alimentos, únicamente en ocasiones especiales como Navidad o Año Nuevo. Si se come fuera o si se va a ver algún partido de futbol los domingos, se toma cerveza. Si trabajas en una oficina es común que los compañeros de trabajo te inviten los jueves o viernes, después del trabajo, a tomar van cerveza o algún destilado de alcohol con refresco. Al mexicano le encanta la fiesta; si algo sabemos hacer bien es festejar. Siempre encontraremos un buen motivo para armar alguna reunión o celebración. Vas a necesitar bastante energía para acostumbrarte a este estilo de vida en México. Como ya comenté, las fiestas y las reuniones no suelen tener hora de conclusión, así que no te sientas mal si eres el último en irte de la fiesta; al contrario, serás la sensación. Si sales a beber con amigos o colegas a algún lugar cada uno paga lo suyo; pero si sales a alguna cita con una mexicana o un mexicano te invita a salir, la costumbre es que el hombre sea el que pague. Los mexicanos no suelen hacer mucho contacto visual; no te sientas mal por eso.

La familia es muy importante en México. La mayoría de las decisiones se toman con base en ella. La agenda y la vida en general se planean pensando en la familia primero. Si en tu caso llegas a vivir a México soltero y sin familia, te aseguro que alguna familia mexicana te adoptará y te invitará a pasar las fechas especiales con ella, pues saben que estás solo aquí, y a ellos no les gustaría estar solos. Los mexicanos son muy sobreprotectores; siempre estarán pensando en tu bienestar y seguridad. No te sientas mal si te hacen muchas preguntas, incluso preguntas personales o privadas; a los mexicanos les gusta estar bien informados y no nos da pena preguntar.

No es común que un mexicano vaya a un restaurante a comer solo por gusto; si lo hace seguramente es en un día laboral y por necesidad. A los mexicanos les gusta estar acompañados y conversar mucho. El timbre de voz en México es un poco elevado; no te sientas incómodo por ello. Cuando se habla por teléfono se eleva aún más la voz. Las personas mayores consideran que utilizar el celular en la mesa a la hora de comer es de mala educación.

En México se tiene que ceder el asiento a una mujer si eres hombre; no importa si eres de edad avanzada. También se le tiene que abrir la puerta y cederle el paso. Si hace frio y la mujer no está suficientemente abrigada, hay que darle nuestro saco o chaqueta; si llueve se tiene que cubrir a la mujer con la sombrilla. En general somos caballerosos, sobre todo si se está cortejando a la mujer, pero estos comportamientos se aplican para todas las mujeres.

En las casas mexicanas siempre se agradece que llegues con un presente, sobre todo si es algo típico de tu país de origen. La familia lo guardará y conservará siempre con mucho cariño. Si no, con unas flores bastará.

Los eventos familiares en México suelen ser muy informales, pero si te presentas bien arreglado se te agradecerá mucho; la gente lo tomará como que le prestaste la suficiente importancia y atención.

La sobremesa en México suele ser muy prolongada. Después de comer se acostumbra a tomar café con algún postre. No es muy común que la gente tome té, pero si se comió demasiado tal vez se puede acompañar de algún digestivo. Por la noche, en la cena, los alimentos serán igual de abundantes; en México se come mucho. Muy poca gente consume agua pura, es más común que haya agua con sabores a frutas o refrescos para acompañar los alimentos.

¿Sabías que?

Los mayas y los aztecas fueron los primeros en utilizar y explotar la goma de mascar.

9 Ventajas de vivir en México

No importa de qué país vengas, te aseguro que te vas a acostumbrar muy rápido a vivir en México. Son más las ventajas que las desventajas de vivir en una sociedad tan relajada y no tan rígida como en otras parte. Las cosas fluyen con mayor naturalidad y facilidad. Pero los mexicanos no nos damos cuenta de esto, siempre estamos añorando huir de nuestro país, quejándonos de sus problemas y culpando al gobierno, y no es sino hasta que nos vamos que descubrimos lo afortunados que éramos. La vida en México es muy cómoda; se cuenta con muchos servicios y comodidades, además de que la cercanía con Estados Unidos siempre será algo ventajoso para nosotros.

Cuando te empieces a establecer en México notarás que tienes acceso a una vida de ensueño. Además, son tantos los destinos turísticos en el país que nunca te aburrirás; literalmente cada fin de semana podrás experimentar algo diferente.

En México te podrás dar una vida envidiable. Si vienes de un país con una economía avanzada, al cambiar tu moneda por pesos mexicanos tendrás un gran ventaja y podrás adquirir muchas cosas. Si vienes de un país con una economía emergente o en desarrollo no sentirás gran diferencia. En México es más común utilizar billetes que monedas; eso sí, si el billete es de una denominación grande te aseguro que no van a tener cambio en ningún lugar. Este es un problema a nivel nacional, los negocios no tienen cambio y no les gusta aceptar billetes grandes, prefieren perder a un cliente que perder todo su suelto. Las monedas únicamente se usan para pagos pequeños como el estacionamiento, la propina, el parquímetro, algún dulce o golosina, o para dar alguna limosna. Es muy común que los establecimientos comerciales acepten tarjetas de débito y crédito.

En México es fácil obtener créditos y préstamos. También es muy factible iniciar un negocio propio. Los trámites serán, como todo trámite en México, muy minuciosos y tardará más del tiempo establecido, pero al final se obtendrá la documentación necesaria.

Cuando recién llegues a México te será fácil encontrar departamento o un lugar donde vivir. Es muy común que los arrendamientos sean informales, sin ningún contrato, solo de palabra con el dueño. Si lo que buscas es rentar un departamento de lujo y grande, entonces sí habrá contrato de por medio, así como bastantes requisitos. Los servicios en México —agua, electricidad, internet, gas, etcétera— tienen un costo razonable. Respecto a las mascotas, la actitud es bastante abierta.

En México vas a sentir una libertad como en ningún otro lugar, te lo aseguro. Es una sensación inexplicable. Los bares y centros nocturnos cierran sus puertas muy tarde y siempre habrá un lugar donde seguir la fiesta.

En México te podrás dar una vida que difícilmente en otro lugar te podrías dar, con algunos lujos y comodidades que en otras partes son excesivamente costosos.

En México la mayoría de la población profesa la religión católica, pero en general la gente es muy abierta. En el centro y el Bajío del país la gente es mucho más reservada y religiosa, pero en general no se te trata de imponer ninguna creencia. Aunque no lo parezca, los mexicanos son muy tolerantes y respetuosos en ese sentido. Si llegan a coincidir contigo en temas religiosos y espirituales se sentirán muy felices y si no, te escucharán con mucha atención y curiosidad.

¿Sabías que?

El Castillo de Chapultepec es la única construcción de este tipo en América. Fue la residencia de Maximiliano de Habsburgo durante el Segundo Imperio Mexicano.

10 Consejos

El mejor consejo que te puedo dar y aplica para todo en la vida, no solo para mudarte a otro país, es que inicies con una actitud positiva. Tienes la oportunidad de venir a otro país y establecerte. Empezar de nuevo es soñar de nuevo. Debes de sentirte muy motivado y emocionado. Llevo bastante tiempo trabajando con extranjeros que ingresan a México, y mi experiencia es que los que llegan con una mejor actitud son a los que les va mejor: su trámite sale en tiempo récord, llegan sin contingencias en el avión, sus procedimientos fluyen, y si hay algún error se puede subsanar de una manera muy sencilla, no son cuestionados por los agentes migratorios; en general, todo les sale muy bien. Por otro lado, a las personas que llegan con miedo, recelo o una actitud negativa, todo les pasa: su trámite se demora, su equipaje se pierde en el avión, son cuestionados y detenidos por los agentes migratorios, son inspeccionados, se pierden sus documentos, por mencionar algunas cosas que me ha tocado experimentar con mis clientes a lo largo de mi carrera. Creo firmemente que el país te recibe como tú quieres que te reciba y lo que se espera se consigue.

Te voy a platicar un poco sobre una amiga muy positiva. Un verano se fue de mochilera a Europa con muy poco dinero y le fue excelentemente, se dio unas vacaciones de lujo. Es muy positiva y las cosas siempre le salen como ella espera y, si no es así, siempre encuentra una solución. Durante ese viaje, en una ocasión estaba en Roma y salía de una fiesta en la madrugada y tenía muchísima hambre, pero no tenía para desayunar. De pronto pasó un camión repartidor con pan recién horneado y el conductor se orilló, le dio una bolsa de papel, abrió y camión y le dio a elegir todo el pan que quisiera de manera gratuita. En ese mismo viaje cuando estaba en París la dejaron entrar al Louvre gratis por sonreír, literalmente. En la entrada le dijeron "Si me das una sonrisa pasas gratis" y pasó. Debo mencionar que esta amiga no habla ni francés ni italiano ni inglés, pero una buena actitud y amabilidad es un lenguaje universal que hasta un ciego entiende.

Debes venir a México sin miedo. Lo que dicen los noticieros del país no es verdad y no representa al país. Lo más peligroso de México es que te vas a querer quedar, te lo aseguro. Aquí vas a encontrar el amor, inspiración y lo que sea que estás buscando; vas a descubrir muchas verdades respecto al mundo y tú mismo.

Sonríe mucho, a cualquier mexicano te lo vas a ganar con una sonrisa, ya sea el agente migratorio, los funcionarios de gobierno, el chofer, el cajero de la tienda, el policía. Sonríele a todos, eso te abrirá todas las puertas; tu sonrisa es la llave para tu llegada al país.

Empaca ligero, los climas en México no son tan extremosos como para abrigos enormes y chamarras muy pesadas y aquí podrás encontrar todas las tiendas de ropa más famosas y reconocidas a nivel mundial. La ropa tradicional es de muy buena calidad y cómoda; si vas al Caribe encontrarás muy buenas opciones.

Si planeas establecerte en México asesórate de un abogado o especialista en la materia; contacta a personas de tu país que ya se encuentren aquí para que te platiquen un poco de su experiencia. Vas a ver que te van a dar más ganas de venir; trae un poquito de tu país contigo, nos encanta escuchar sobre otros lugares.

Los mexicanos en general somos muy abiertos y amables con los extranjeros; notarás que incluso en los restaurantes o establecimientos de servicios se te darán una mayor atención. Por algo una de las frases mexicanas más famosas es "Mi casa es tu casa", y así es, vas a ver lo cálida que es la gente contigo, vas a ser muy feliz aquí y te sentirás como en casa.

Lee esta guía las veces que sea necesario. Fue hecha para ti y contiene los temas básicos para iniciar y hacer tu transición al país lo más armónica posible. Recuerda ser muy amable y sonreír mucho.

¿Sabías que?

México tuvo un presidente que duró tan solo 45 minutos en el cargo.

Correo: licrendonmuttio@gmail.com

Facebook: @PRMderechomigratorio

Twitter: @Pedro_Ren_Mutt

Instagram: @Peterenmutt

Pedro Rendón Muttio es originario de Guanajuato, Guanajuato. Desde muy joven le interesaron los temas internacionales, las relaciones diplomáticas entre países y la condición jurídica de los extranjeros residentes en otro país. Es abogado egresado de la Universidad de Guanajuato. Ha sido auxiliar parlamentario, funcionario judicial, representante cultural de México en Estados Unidos de América, agente consular en un consulado de México en el exterior y actualmente se desempeña como consultor legal especializado en temas de derecho migratorio, nacionalidad, soluciones globales y movilidad internacional en la Ciudad de México.

Lecturas recomendadas

Ley de Nacionalidad

México, Distrito Federal, Estados Unidos Mexicanos

Nueva Ley publicada en el *Diario Oficial de la Federación* el 23 de enero de 1998.

Última reforma publicada en el *Diario Oficial de la Federación* el 23 de abril de 2012.

Reglamento de la Ley de Nacionalidad

México, Distrito Federal, Estados Unidos Mexicanos

Nuevo Reglamento publicado en el *Diario Oficial de la Federación* el 17 de junio de 2009.

Última reforma publicada en el *Diario Oficial de la Federación* el 25 de noviembre de 2013.

Ley General de Población

México, Distrito Federal, Estados Unidos Mexicanos

Nueva Ley publicada en el *Diario Oficial de la Federación* el 7 de enero de 1974.

Última reforma publicada en el *Diario Oficial de la Federación* el 12 de julio de 2018.

Reglamento de la Ley General de Población

México, Distrito Federal, Estados Unidos Mexicanos

Nuevo Reglamente publicado en el *Diario Oficial de la Federación* el 14 de abril de 2000.

Última reforma publicada en el *Diario Oficial de la Federación* el 28 de septiembre de 2012.

Ley de Migración
México, Distrito Federal, Estados Unidos Mexicanos
Nueva Ley publicada en el *Diario Oficial de la Federación* el 25 de mayo de 2011.
Última reforma publicada en el *Diario Oficial de la Federación* el 12 de julio de 2018.

Reglamento de la Ley de Migración
México, Distrito Federal, Estados Unidos Mexicanos
Nuevo Reglamento publicado en el *Diario Oficial de la Federación* el 28 de septiembre de 2012.
Última reforma publicada en el *Diario Oficial de la Federación* el 23 de mayo de 2014.

Ley Sobre Refugiados, Protección Complementaria y Asilo Político (antes Ley Sobre Refugiados y Protección Complementaria)
México, Distrito Federal, Estados Unidos Mexicanos
Nueva Ley publicada en el *Diario Oficial de la Federación* el 27 de enero de 2011.
Última reforma publicada en el *Diario Oficial de la Federación* el 30 de octubre de 2014.

Ley General de Turismo

México, Distrito Federal, Estados Unidos Mexicanos

Nueva Ley publicada en el *Diario Oficial de la Federación* el 17 de junio de 2009

Última reforma publicada en el *Diario Oficial de la Federación* el 13 de abril de 2018.

Otros títulos publicados por

www.yogaentuempresa.com